# 天界聖諭 牌卡

## Oracles from Above

以 自 覺 點 亮 靈 魂 之 光

田安琪◎著　　Lu Riku・魔女莉莉・陳思吟 ◎繪圖

# 目錄 Contents

## 使用說明

### 本牌卡的淵源

　　2014 年 9 月，筆者出版了一本《天界的 52 則聖諭》，立意要以此書提供有心學習自我覺察的讀者們進行「一週一題目」的練習：每一週，進入一則上師的教導中，據此教導來觀察自己內在的起心動念。

　　為了推廣這樣的練習，當時特別成立了臉書社團，以便能更深入地解說上師訊息，並給予自我覺察的指導原則。大約一年半之後，我們終於完成了這 52 道題目，期間累積了 52 幅耗費許多心血所完成的圖象，在出版社的鼎力支持下，我們決定以牌卡的形式出版，希望以截然不同的，非線性、多層次、多面向的方式，再一次提供讀者們解析自己與覺察自己的途徑。

## 牌卡的用意

本牌卡透過上師們給予的洞見,幫助讀者向內找到癥結點,向外找到方向與答案。

對於自我探索有興趣的讀者,本牌卡可以作為自我覺照的引導與練習。譬如,讀者可以每週抽出一張牌,在該週就此牌的主題持續練習觀照自己。本手冊的每一張牌卡說明文中,都提供了自我觀照的練習方式。

如此地透過不斷向內深化的覺知力,自然而然便能轉化外境。畢竟,思想創造實相。

## 使用時,請準備好這樣的心境

當你要抽牌時,事實上是你準備要與臨場的較高智慧對話的時刻。

不論你稱祂為指導靈、上師、高靈,在你沉靜下來,準備好祈請這較高智慧的意識來指引你、支持你時,祂便會透過牌卡示現出回應。但請明白,牌卡是工具、是渠道,它不是發話者,而準備好要與高層智慧對話的是你,你當時的狀態是否安靜、祈請意圖是否明確,決定了你與高層智慧「對話」的品質。

## 牌卡特色

本牌卡除了盡量完備其「美感」與「訊息質量」之外，也在「使用層面」上下了功夫。以下是獨家設定的「六種牌陣」，當然，這些設計好的牌陣，必定也是作者與高層智慧達成共識的溝通模式，以便所有使用者可以在這樣的共識基礎上，透過各種牌陣運用，達到最佳品質的溝通：

【祈禱牌】
抽一張牌，參照牌中的諭示，向更高力量祈禱，祈求協助或護持。

【靜心牌】
抽一張牌，參照牌中的諭示向內省察，沉潛。

【后冠】
需要神聖陰性能量（安慰、包容、諒解）的滋養時，抽一張牌來加持自己。

【帝杖】
需要神聖陽性能量的激勵（魄力、行動力、自我主張）時，抽一張牌來加持自己。

（后冠、帝杖可同時使用。）

## 【潛意識、表意識、超意識】

需要剖析自己或個案的精神與心理層面時，可抽出三張牌對應這三個位置。

「潛意識」代表被隱藏壓抑的意識狀態；「表意識」代表已呈現出來的意識狀態；「超意識」代表自己的較高智慧。

## 【壇城陣法】

抽出六張牌，依序代表上師對以下六個自我發展次第的建議——「本質」、「自我對待」、「親密關係」、「家庭」、「自我展現」、「工作」。

# 01 平凡

## 體驗　然後放下

圖／魔女莉莉

不論周遭如何五光十色
我只專注於自身內在的成長之路

生命的發展有如駕車行駛，

起初，必須鼓起勇氣開車上路，學習掌握方向盤，掌握人生的自主權；

逐漸熟練技術後，便想要競速，便更在乎車子的品牌，那是自我實證的時期；

最終，車子只是純然的載具，讓自己觀賞沿途風景，它因而成為純然體驗的工具。

體驗的本身才是靈魂的養分，但那被賦了名相的載具，誘惑人們去執著，然後在千百萬劫之後再被放下。

只是，要放下的不是載具，而是名相；要放下的不一定是名利，而是對名利的依戀。

譬如善心所驅使之事所帶來的名利，便不迎、也不拒。

這就是平凡之心。

簡單是平凡，繁華也是平凡，是擁有了一切內在素質之後的平凡。

——蓮花生大士

# 提示重點

▲上師以駕車譬喻生命旅程的三個階段,你在哪個階段?
（有時候,生命裡的不同單元,所處的階段不會一樣。）

▲你是**體驗者**,還是故事本身?
　若你是**體驗者**,便會明白,肉身只是承載著自己去體驗
和覺照,並進而擴展自己。
　若太介意外境與名相（身分、成績）,那麼便陷入故事中,
因此受到劇情左右是必然的事。

▲放下,從內在開始。
　要放下的是對名利的依戀,而不是名利本身。

# 觀照重點

◆觀察自己想要「不平凡」的部分。

　　然後鼓勵自己更大幅度的展現自己，若有不敢展現的恐懼，那麼持續觀看恐懼，並以意念將恐懼釋放到光中。

　　進入它，才能超越它。

　　所以若有渴望，就去實踐；若有忌妒與比較，就更要去展現自己的光芒。

◆觀察自己想要「平凡」的部分。

　　然後問自己為何無法如此，最終那個答案和外境無關，只與自己有關。

●觀察到後，持續看著這個無法做到的恐懼，並以意念將恐懼釋放到光中。

# *02* 勇氣

## 壯士斷腕　重生前的毀滅

圖／Lu Riku

我要登上航向新生命的舟船
雖然背後是豢養戀眷
雖然前方是洶泳陷溺
宇宙必定庇佑我安全靠岸

「理論」與「理智」很有可能只會引導你重複老路，
要讓生命進展，其所需要的「勇氣」勝過一切。

真正的往前，意味著「舊的」持續要死亡、要拋下。

要擁有新的生命狀態，那麼舊的生活方式要捨得放棄；
要創造事業高峰、要反敗為勝，那麼舊的經營思維與制度、
甚至廠房與員工……都要捨棄；
要挽救親密關係，
那麼舊的感情模式、感情需求，都要放下。

有勇氣讓舊的自己徹底死亡嗎？那麼現在就壯士斷腕吧！

　　　　　　　　　　　　　　　　　——亞里斯多德

# 提示重點

▲「理論」與「理智」常常誤導人們停滯不前,因為大部分人只會著眼在「看懂靈性道裡」,並且眩目於「頭頭是道」。但事實上,「實踐」才是真功夫。

▲下定決心讓自己不再想要的「死亡」吧!

# 觀照重點

◆觀照什麼是「不再為自己所需要的」？

　它可能是一個習慣、一個觀念（信念），或者是人／事／物……

●靜心中用意念把它們送到光中轉化。

◆觀照自己「妄談道理」的動力，減省這些能量，致力於斷捨離的勇氣。

# 03 戰爭

自勝者　強

圖／陳思吟

我照見那向外攻守的刀劍
都起因於自己的舊傷

於是我知道　並沒有加害者
那受害者　僅只是我自身投射的鏡中影象

每一把向外攻守的刀劍，也同時指向內在綁縛繃帶的傷痕，
越是勇猛揮斬，越是自殘自傷。

以戰爭取得的，不會長久。
世間沒有一場以和平為由的戰爭能夠真正達成目的。

戰勝自己，強過於戰勝別人。

——老子

# 提示重點

▲每一個向外的抱怨、批判，其根本初因都是內在的傷。
　換言之，是那個尚未療癒的傷，導致我們如今的好勝之心，以及彼此較勁的戰局。

▲要取得外在和平，必須先締造內在和平。和平無法透過戰爭取得。

▲勝人者，有力。自勝者，強。

# 觀照重點

◆我對某某人的批判，是源於自己內在的 _____。

◆我正在和誰比較？
　而我真正需要戰勝自己的，是什麼？

# 04 本質

## 彈奏自己的樂音

圖／魔女莉莉

心中的熱情鼓動著
祂　藉著我發聲、展現、創造

沒有人知道
適足以令我享受這番美麗的所有細節

這是我與神共舞的祕密時刻

你內在有一具獨特的樂器，它有獨特的材質結構與演奏方式：吹奏、彈撥、擊打……能煥發獨一無二的美麗頻率。

你是什麼樂器？你如何彈奏？你願意讓它發聲嗎？

「即使是最不起眼的地方，都那麼值得光耀。」內在樂音不需要聽眾，只需要被彈奏。

——聖女貞德

# 提示重點

▲與其向外比較，不如反身深入自己，珍視自己的特質。

▲內在樂音不需要聽眾，只需要被彈奏。
　若有一件事情是即使沒有掌聲、不需要被肯定，你也樂意去做的，那麼，投入吧！

## 觀照重點

◆我珍視自己的 _____特質，雖然它並不那麼顯眼，
也沒有受到肯定。

◆觀照自己投入一件事情的動機，是來自於內在的熱情，
還是希望他人肯定。

# *05* 選擇

## 只取一瓢飲

圖／Lu Riku

有一顆金果在我之內
閃閃發光、芬芳撲鼻

我捨下了其他果實
傾注所有養分供給於它
只待有一天
它自己行將成為生命之源
發芽拔莖　開枝散葉
終究會再結出纍纍果實

在眾多選項中，你必須做一個抉擇，不是看起來利益最多的，不是別人眼中最看好的，而是你感受到最光亮的，你必須透過這個選擇，表達你對這耀眼光華的頌讚。

你也必須勇敢地排除一切憂懼去做這個選擇，它未必為你帶來好處，也有可能忤逆同伴與前輩的看法，但你擔起了這抉擇的所有責任，並且願意持守與投入。

它可能是一個信念，因此你必須透過一再的試誤經驗去讓它淬煉成熟。在過程中，自我質疑必定像浪潮般一波波湧來，但你恆定的執守與滋長的智慧，會推升你到下一個襲上岸邊的浪頭。

你無法選擇眾多，那等同於沒有選擇。

——梅林

# 提示重點

▲做那個選擇，它激越你自己，而不是取悅別人。

▲宇宙是能量不滅的，堅守它，待歷練與智慧成熟了，你的投入對宇宙將會是貢獻，而宇宙必定回報予你。

▲選擇眾多，等於沒有選擇。所以，鼓起勇氣捨棄吧！

## 觀照重點

◆我無法抉擇的恐懼是什麼？
　（我無法捨棄的恐懼是什麼？）

●時時覺察到它，並以意念將之轉化、釋放。

# 06 承認

## 高尚的自我欺瞞

圖／陳思吟

我承認自己給出的背後其實是索討
我承認過於努力的背後其實是害怕落後
我承認追求靈性的背後其實是害怕粗鄙……

我承認
然後伸手摟著弱小的自己
一股暖流油然而生
逐漸融化了兩面的我

有一些恐懼會被包裝得合理、妥善、精美，欺瞞著人們的
認知與感受。

謙虛退讓，可能意味著害怕被嫉妒攻擊；要求完美，可能
意味著憎恨不夠完美；以為對他人奉獻了無以倫比的心力，
其實那每一筆奉獻，可能都隱藏了條件交換、要求回報在
其中……

拆開這些包裝，那看似破敗的內容並不可鄙，可鄙的是自
我欺瞞。

謙虛是你、驕傲是你；完美主義是你、害怕不如人也是你；
奉獻者是你、討愛者也是你……

當承認了各種面向的自我時，內在中逃避恐懼的張力會鬆
弛瓦解，更大向度的自由自在翩然出現，而來自於一切萬
有的能量挹注，將得以降臨。

——娜達（Nada）

# 提示重點

▲有許多看似高尚的行為，其實是由恐懼而起的。

譬如對他人友善、為伴侶奉獻，若因為是希望被肯定，或怕被遺棄，那麼最終仍然會抱怨失落。

「恐懼」的起因，不會導致「愛」的結果。

▲因此我們必須更深入自己，去承認那些高尚外衣之下的動念，承認了，光亮得以進入黑暗，恐懼便開始消散。

## 觀照重點

◆有哪些「善行」會為你帶來壓力或失落？
　覺察壓力與失落的起因。

●時時覺察到它，以意念將之轉化、釋放到光中。

# 07 順勢

自發　促使潛能浮現

圖／魔女莉莉

我聽到淙淙之水、颯颯之風
我知道雲的起落、鳥的方向
因我安靜下來
聲音得以浮現
方向得以知曉


我追隨這聲音與知曉
而它們　正追隨水與風、雲與鳥

向內觀察那些想做的、想說的、想成就的一切，是從何處而來？

是從湧動的熱情之流、滿溢的愛、日積月累的時機熟成而來；還是因為太想得到、委屈、不甘心、不得不？

因此讓自己先「不做為」吧！

諸多的向外做為，正在消耗原本便空虛的內在能量。而內在能量的豐足或匱乏，是外在優勝劣敗的關鍵。

急切之心、急功近利將使人事倍功半。而「有所不為」——僅僅專注於自發性的事物中，便在累積能量，使得乾潤之地成為沃土，將滋長深埋於土中的生命，自動地拔地而起，其繁茂豐饒，彷彿得來不費吹灰之力。

因緣與成就，向來聚合於潛能俱足之處。

——老子

## 提示重點

▲內在世界，是創造外在世界的起源。

▲與其僅僅著眼於外在事物的運作，不如反身向內，先照顧好內在世界。

▲當內在安靜下來，不但潛能浮現，並且能契入更大的勢能之中，使得潛能開展變得事半功倍。

## 觀照重點

◆我目前正努力於哪些外在事物？它是否發自於我的真心？

# 08 關係

## 愛　是魔的獻祭

圖／Lu Riku

我是累世的尋愛旅人　有著空無一物的行囊
與名之為欲望的指南針

粉色溫柔與絢爛誘惑告訴我　它們能填滿行囊
我跟上了癡迷的腳步
然而　空虛的行囊只得裝下荊棘與鎖鏈

千百劫來　我披荊斬棘、擺脫鎖鏈
曾視溫柔與誘惑為大敵……
誰知　應允的那一天終於降臨
空虛行囊竟被徹底忘卻
於是我抬頭　群山萬壑乍現眼前
才明白　生命旅程所編織的行囊

已然填滿瞻望的美景　這番美景　將愛我以永恆

神為你打開了羊欄，好讓你——這饑渴好奇的羔羊——去尋找愛的水草地。從此，展開了愛與魔的折衝抗衡之旅。
愛的尋求之旅，其實是一段引出心魔的旅程，透過人間之愛，你認出自己的心魔，並且還要帶領它，走向愛的更高國度。

起初你認為，愛是聖壇，你崇仰頌讚，然後向它祈請、索求；愛是城堡，你認為只要住了進去，便有安全與保障。
後來，愛是孤島，你擁有整座島嶼卻獨自求生，即使怨尤滿腹，也無法鼓起勇氣泅泳到汪洋彼岸。

但愛，其實是一座山，你無法擁有它，而是走向它、投入它，攀登往上，當到達了頂峰，群山萬壑全在腳下……那曾經是嗔癡愛慾的軌跡，你才知道，在那裡，已然超越了誰征服誰、誰供給了誰的臨界線，只有寬廣慈悲的視野，與神賜的暢快與感動。
在那裡，愛不是一種情感、無關乎付出或接受，它只是滿足、寬闊、暢快，它甚至不知道自己是愛。

——亞當瑪大祭司

# 提示重點

▲檢視自己正在關係的哪個時期——「聖壇」、「城堡」，還是「孤島」？

▲認知自己無論在哪一段時期的感受，都是會變化的，但卻是必經的路程。

　當每一個階段的意義都完全被揭露與內化之後，便會自動進展到下一個階段。

## 觀照重點

◆我在關係中的焦慮或痛苦是什麼？它反應我內在的什麼需求（其實就是匱乏）。

●接受自己的匱乏與恐懼，持續地看著就好。並以意念把它釋放到光中。

# 09 豐足
## 自給自足的豐沛之境

圖／陳思吟

我是宇宙的縮影　一切所需在我之內

心田中發光的種子　滋長、歡唱
不期然地
繁茂昌盛、結實纍纍
它以恩典回饋我
而我
再以感激灌溉這世界

宇宙洪荒之始，萬物一體。因為有了「個體」的意識概念，各自獨立的肉身才跟著發展出來，在越外圍（低層）的世界，概念的切割與分裂是越明顯的。

人們因著這樣的「個體」概念，以為能夠各自擁有其財產或情感，但在高層世界的真相裡，仍保有洪荒之始的狀態——萬物一體，從無切割，它始終存在於萬物的內在核心。

比較有趣的是，當人們希望財產或情感是「私人擁有」（而非共享）的時候，往往這些擁有物便必須從他人之處獲取，一個人的獲取，成了其他人的損失，換言之，「私有」、「掠奪」、「損失」是共生的情勢。

但擁有豐足可以不必在那樣的負面共生情勢中，讓心意識遠航，走一條自給自足的路，它可以在人群中發生，它無關乎孤獨，而是超越孤獨。

一個自給自足的人，才有機會煥發無條件之愛，因為他擁有真正的豐足，無須條件交換。

——強森（Jonson）

## 提示重點

▲大千世界是層層疊疊的，每一個層次有其必然的運作法則。在較低層次中，以匱乏意識來運作這個世界，私有的財富或情感必須來自於剝削他人；但在較高層次的世界中，由豐足意識來運作，每一個體是自給自足的，反而能夠自發性地分享，在一個更大、更豐沛的食物鏈循環之中。

## 觀照重點

◆我對父母、老闆、伴侶、政府……尚有什麼仰仗與依賴？
我與好友的情感交流之間有什麼條件交換？（我對他好，
是希望他也能如此回應。）

　這反應我內在的什麼匱乏或恐懼？

●接受自己的匱乏與恐懼，從旁靜觀。並以意念把它釋放
到光中。

# *10* 溯源
## 穿透語言文字的表象

圖／魔女莉莉

我見我所知
我知我所見

真相
取決於俯瞰之眼
幻象
取決於情思之眼

而時空之外的同頻共振　義理交抱
來自於
心領神會

語言文字是思想與感受的某種表達形式，它是「無形」（思想、感受）在經歷衰減、實體化之後的「有形」狀態，因此要領會語言文字最初的意涵，必須回歸其無形面——便是那形諸語言文字的起心動念。

但由於人們各自的背景與理解力，「望文生義」是常有的事，語言文字通常會成為人們各自投射的介質，視野愈高者，能夠穿透語言文字表象、直達起心動念之源的能力越高。

如果僅在語言文字本身細究推敲，字義會像是華屋美廈，費功、好看、帶來安全感，但卻空洞不實，而視野與體悟將被這語言文字與知識的推敲所局限欺瞞。思想滿足於住在知識的疊床架屋中，但心的體悟、生命從中的領略與實踐，經常是無法言說、無以文載的。

回溯語言文字的本源，那裡有真相、了悟，與創造力。

——圖特上師

# 提示重點

▲在閱讀時，必須練習放下「自我」，留出空間，回歸文字產出前的起心動念之中，領略其意涵。

否則，閱讀便成了純粹是自我投射的過程，望文生義，不但到不了文字的源頭，並且容易以自己的心境扭曲其意涵。

# 觀照重點

◆我是以「頭腦」來理解文字，還是以「心」來領略文字？

（當以頭腦來理解時，會在文句的邏輯義理中推敲，並且害怕無法記憶背誦那些知識。）

# *11* 聆聽

## 沉默　以打開覺受

圖／Lu Riku

我收攝四處張望的雙眼、喋喋不休的唇舌
我停止一切散亂於外的舉措

　　我　溶解為寧靜之海
　　那每一滴靜謐的水珠
　　幻化成諦聽的乙太之耳

　　祂攔截了乙太的聲音
　　串接成天堂的訊息
　　引領那寧靜之海
　　蔓延在一切萬有的曼妙音律中

聆聽，是心的寧靜。
它是內在工作，在打開內在空間，在清理、脫落內在的雜質，以直取核心，以心領神會。

聆聽，是一種修煉。

——白居易

## 提示重點

▲開啟天耳通的前提是——「安靜」。

　少說、多聽、多靜心，以修煉內在的寧靜品質。

## 觀照重點

◆在與人交流時，我比較常「說」還是「聽」？

◆我是否能穿透對方的聲音表象，直取發聲者的起心動念？

# *12* 是非

## 論斷製造框架

圖／陳思吟

我對他人的感受
我所看到的世界
只與我自己有關

宇宙之大，浩瀚無邊，當你執起任何一種是非價值的判斷，便落在論斷所構築的框架中。而框架之外，永遠比你寬廣，那是你在一旦論斷時便無緣進入的世界。

只要採取了某種看法，那麼那個看法，便在你所看向的物體背面形成了陰影。

你的論斷與看法，都是有限的。而無限的、更接近真理的，在它之外。

——沙鷗

# 提示重點

▲培養「靜觀」之力，不下論斷，不給標籤。

我們看到的一切，其真實性，決定於觀看者的意識高度。高度不夠，僅能看到你眼睛所在的那個方向。因而產生偏見。

「綜觀」者始能看到全像，看到真相。

# 觀照重點

◆觀照自己對某人的「看法」是什麼？對他下的「定論」
是什麼？

　從此處回歸自己為何下此判斷，自己的起心動念是什麼？

●換句話說，去看到自己是因為哪裡受傷、什麼恐懼，才
下此判斷。將那個恐懼以意念釋放到光中，以轉化它。

# *13* 深入

## 在超越之前

圖／魔女莉莉

乘著黑色漩渦的張狂節奏

潛入無底之涯吧

用那持守的光

點亮安住在盡頭的聖愛玫瑰

它將以慈悲的剛猛

翻天覆地

註解一個

只有幸福之人始可涉足的全新之境

在即將療癒之前，會有一波更大的挑戰期。

這時候可做的，就是去深入淵岳之中，去認知到，身處其中並不會讓自己死亡、不會一無所有。

那麼這混亂期便有如翻土整地，而新苗將從中滋生長大，終能綻放出光華四射的玫瑰。

—— 亞當瑪大祭司

## 提示重點

▲在真正脫落一個痛苦、一個課題之前，往往會有「迴光返照」的現象，若此時能定靜其中，秉持住內在的光，那麼這個課題將永遠不再與自己掛勾。

## 觀照重點

◆觀察自己是否有一再深入黑暗的勇氣？觀察自己的畏懼
是什麼？靜心中以意念釋放到光中將其轉化。

# 14 情緒

## 讓情緒成為引路者

圖／Lu Riku

情緒沒有不對
是愧疚感判了它的罪
別視它為魍魎鬼魅
以寬待與慈愛作陪
它將透露那曾被塵封的光源
照拂、轉化、穿越

情緒
是如此地珍貴

那些無法遏止的批判、看法、情緒，正說明了生出這些思想與情感的來源本身。

這些知見與情思，都來自於內在的某一處傾斜、某一種傷。

你看進了傷，持續旁觀那傷，你便不再是傷，而是寂然照見的、探索遊歷的客體。


——娜芙蒂蒂

## 提示重點

▲情緒不需要被抵抗，只需要被看見、包容，與運用。

情緒不只讓我們體驗生命的豐富性，它也可以是藉以用來認識自己的工具。

每一次情緒的升起，都是一次自我瞭解的機會，透過它，去看到內在促使情緒出現的起因。

那麼，情緒便成為上天對你的恩賜。

# 觀照重點

◆最近一次情緒升起的內在原因是什麼？
　是不被重視、有挫敗感？
　那麼起因是「匱乏愛」。
　是被誤會？被說三道四？不被瞭解？
　那麼起因是「你並不確知（肯定）自己是誰」。
　是對他人諸多批判？
　那麼起因是「對自己太嚴苛」。

●包容那些內在暗點，那存在於集體意識中，不是你獨有
的。並以意念把它釋放到光中，轉化它。

◆觀察那些情緒反應是否已是一種慣性。
　保持自我觀察。

# 15 等待

為何不想放棄？

圖／陳思吟

有人給我希望
說只要等待　就可以讓心不再流浪
於是我乖巧忍讓
企盼　乘著這希望的浮木
總有一天可以如願靠航

直到那一刻
我仰望著自由的光芒
祂說　我不是不會飛翔
是尚未發現自己的翅膀
祂說　你是力量　你是飛翔
你是浩瀚海港

沒有期限的等待，可以是一只防止真相大白的浮木，也可以是航向真實自我的舟船。

端看人們用等待來矇蔽，還是在等待中豐富自己。

——卓瑪

## 提示重點

▲有時候，等待是在拖延時間，因為沒有勇氣面對翻牌之後的結果。

有時候，等待是因為我們把決定權交給別人，我們等待著他人回頭來愛我、重視我。

不論如何，請趁等待的時間裡，去發現自己的美好與力量，因為一個空洞與虛弱之中的等待，不會盼出堅實豐碩的結局的。

## 觀照重點

◆你一直在等待什麼？

　你是因為某種恐懼（或逃避）才處於等待狀態的嗎？那個恐懼是什麼？

# *16* 幻象

## 別讓陰影活得比你真實

圖／魔女莉莉

是什麼讓你當真了？
它只不過是斑斕世界的其中一處投影
以小丑之姿娛樂你　愚弄你
其實那徹底是
你的投影　你的陰影
僅述說著你的獨角戲


掀開你的頂戴與罩紗
看清自己
那麼小丑也行將脫去戲服　裸裎以對

人們對他人的想像，是只與自己有關的幻象，這些幻象經由耽溺而變得更濃稠具體，終至腐蝕生命。它正在持續不斷地耗損一個人的創造能量。

警覺自己的思緒與想像，別讓它們活得比你更真實。

——達摩

# 提示重點

▲我對他人的看法，只代表我自己。

　我所認知的「實相」是由我的思維與情感所投射的結果，它只是我的詮釋，並不真實。並且隨著我們沉溺在其中，將促使我們愈加遠離真相。

▲創造力源自於內在核心，當一個人耽溺投射於外在的幻夢中時，無法連結、取擷自身內在的創造力。

# 觀照重點

◆那件事（人）令你介意之處，是真的嗎？
　或者從頭到尾只是你個人的「看法」、「感覺」或「詮釋」？

◆觀察自己介意之處，來自於你的什麼傷、什麼匱乏？
　看到它、承認它、接納它。

# *17* 回歸

### 投入興趣　實踐天命

圖／Lu Riku

我是美好的
所以我願意冶煉自己
我是美好的
所以我以匹配的美好來灌溉自己
我是美好的
美好到無須與人比較
我是　美好的
美好到　你不用知道

打磨自己、滋養自己。鑽石自然有高貴的待遇;沃土自然
會草木豐饒,萬物勃發。

若為掠奪資源而戰,不如為自己養好一片能盛產豐收的沃
土。

拿回與人競爭的能量來供養自己,那麼生命將滋長奇蹟。

——鍾塹

# 提示重點

▲請開始看到自己的特質在哪裡，然後根植在那裡，好好滋長自己。 向外比較，向外求取資源，不如向內打磨與滋養自己，培養自己成為一片沃土，讓自己成為資源之所在。

## 觀照重點

◆我羨慕（忌妒）了誰？我羨慕（忌妒）他擁有的什麼？

◆我自己的特質是什麼？我曾讚賞過自己的善美之處嗎？

# *18* 命運

## 自由意志 揭開宿命的真相

圖/陳思吟

你想要盡情舞動？
承自己的旋律
踩自己的節奏

那麼
請先學會
鋪自己的紅毯
跳自己的獨舞
鼓自己的掌

當今你所感受的綑綁限制與不自由，都來自當初的自由意志。

你可以憑藉「自由意志」再一次選擇，出離後的世界更廣闊，遍布新的牧草水源，但你必須以一己之力取得它。

否則，你當然可以繼續接受綑綁限制，但那是你的選擇，不是命運、也不是他人的主宰。

事實上，那不自由之中，必有你被豢養之處。

——阿基里斯

# 提示重點

▲許多的不自由，都來自於最初「自由意志」下的選擇。

解鈴還須繫鈴人，因此，要掙脫不自由，仍必須憑藉那「自由意志」。

▲那些令我們不自由的人與環境，同時也有我們倚賴之處，那倚賴可能是金錢、情感、形象，或者只是習慣。

因此，終歸是自己的倚賴導致不自由。

# 觀照重點

◆我想要得到什麼自由?

◆是什麼失去倚賴的恐懼,阻礙了我的自由?

●持續觀照這個恐懼,每一次觀照到它,便觀想它釋放到光中。

# *19* 真誠

### 在童真中　表達愛

圖／魔女莉莉

我願意　當作自己的母親
以巨大的愛
再一次誕生自己
重回童真
裸裎我的誠心、誠意

「原罪」埋藏在集體意識之中，人類天性中便傾向於認為自己有錯、不夠好，許多人窮畢生功夫在修補自己、苛求自己。缺乏力量而輕易被控制者由此而生，虛張聲勢者亦由此而生。

你的「羸弱」、「劣勢」、「平庸」並沒有問題，讓它拖累你的，是你對它的鄙夷。

真誠以待，你便能自然地曝現它們，由裡而外地，照見光。

——觀音

## 提示重點

▲人們的詮釋、評判，為自身的各種狀態染上色彩，因此，要褪去的不是那些狀態，而是對它們的看法。

因此，首先得從承認開始，承認與接納自己原本認為醜惡與難為情的面向，真誠以待。

## 觀照重點

◆觀察自己總認為哪裡不如人？

●持續觀照到這個對自己的評判，釋放掉這個評判。

# *20* 自由

## 自由源於解除罣礙

圖／Lu Riku

我說：「我的工作使得我很不自由。」

祂說：「使你不自由的是生存的恐懼。」

我說：「我的家庭讓我很不自由。」

祂說：「讓你不自由的是你在意了父母與社會的觀瞻。」

我說：「我的感情限制了我的自由。」

祂說：「是你對愛的誤認限制了你的自由；

你的罪惡感使你不自由；

你以伴侶對你的態度評價了自己，因此你不自由。」

於是我祈求上主給我自由

祂說：「無懼之時，你便是自由。」

行李沉重使人無法遠行，心有罣礙使人無法自由。

自由無須靠戰鬥而來，只須自問：「我心中有何重擔尚未卸落？」

你不是那行腳，你是行將前往的所在。

———天空

# 提示重點

▲當前的不自由，並非起因於他人或環境的限制，而是內心的某種恐懼。

　因此，要得到終極的自由，也並非透過離開某個人或某個環境，而是透過突破那個恐懼。

▲人類生而自由，（你看幼兒們多自由！）是後天被加諸的價值觀與自我評判而為自己帶上鐐銬。解鈴還須繫鈴人，自由的鑰匙，掌握在自己手上。

## 觀照重點

◆我會在什麼狀態下感受到壓力或限制？

　這個壓力或限制從什麼恐懼而來？（譬如：害怕別人的眼光、害怕不如人……等。）

●持續觀照這個恐懼，每一次觀照到它，便觀想它釋放到光中。

# 21 渴望

## 流動你的能量

圖／陳思吟

我羨慕　斑斕多彩的生命
我渴望　豐沛飽滿的感受

那麼　宣告你的意願
成為追風仙子、心靈舞者
以律動的七彩霞光
綻放曼妙身姿
彷彿祭壇前的徹底事奉
因為
最精妙完美的演出
只獻給一位觀眾
那就是　神

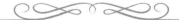

隱而不發、阻滯不動的能量，經過長時間的抑制、累積後，將凝結、變質，最後顯化成為濃重而扭曲的實相。

誠懇地表達、演繹自己，流動你的情感與渴望，生命將神采奕奕而充滿創造性。

——梅林

## 提示重點

▲身體怠惰遲滯、腸胃蠕動緩慢，都會造成廢物堆積淤塞，久而成病。

心靈亦復如是，耽溺的心靈，反應出渾渾噩噩、積習日久而無力改變的狀態，成為病態心靈。

能量流動的心靈，鼓舞著渴望創造的動能，因此有持續前進的腳步、與願意突破的勇氣。

## 觀照重點

◆使得我總是耽溺現況，舉步維艱的慣性或恐懼是什麼？

●持續觀照這個慣性與恐懼，每一次觀照到它，便觀想它釋放到光中。

# 22 自性

### 去蕪存菁

圖／魔女莉莉

除卻頭銜、角色、成就
你還是誰？

你真正是誰？

生命之歌
得在敢於停止俗務之後
方得自動歡唱

迄及空性之前
必得空前、絕後

事情紛亂龐雜時，能「割捨不做」比「樣樣都做」更難得。
要決定「割捨不做」時，得鑽研得失，面對恐懼；而「樣
樣都做」，則是規避恐懼，在疊床架屋中，希望撐起一個
全能與面面俱到的角色。

長此以往，將遠離自性。

但自性蘊含著原始的力量，能展現天賦本質；而面面俱到
看似不容易，但其實是庸俗化的結果，與其他面面俱到者
別無二致。

——達摩

## 提示重點

▲「割捨不做」是去蕪存菁，得先面對恐懼。
　「樣樣兼顧」很可能是因為害怕失去。
　凡因恐懼而起的作為，不會導致正面的結果。

# 觀照重點

◆我想要「兼顧」的是什麼？在其中有恐懼嗎？

●持續觀照這個恐懼，每一次觀照到它，便觀想它釋放到光中被轉化。

# 23 業力

## 在持守的覺照中自然超脫

圖／Lu Riku

我在掛慮什麼？糾結什麼？
我正在重複著什麼無法自拔的情況呢？

我可以是那個「看到」掛慮、痛苦的覺者
而不只是身陷無法自拔的夢遊者

那個覺者　把我定頻於新世界
在那裡
業力　泯滅
天光　恆久

靈性意識的擴展，無法從業力的減除著手。

消除業障的動機經常是出於恐懼的，當人們希望能透過減除業力而超脫輪迴時，正好絞進另一個被恐懼攫取的業力之中。

——聖哲曼

# 提示重點

▲離苦得樂或靈性揚升不是透過「追求」與「有目的的作為」而得的,反而是透過不斷地「回歸自我」,最終,效果不求自來。

▲因此,意識的擴展只需要從一件事著手——在每一個當下覺照自己(的起心動念)。

覺照,如同一道道射進幽暗的光,使得在幽暗中運作的業力得以在光中轉化,輪迴因而鬆脫。

## 觀照重點

◆我的「靈修」是否有隱性目的？

　是希望能去除眼下的痛苦、消除某種業力？還是希望能得到靈性揚升、呈現高遠的境界？

●保持以上的自我觀察，如果覺照到自己有「向外追求」的傾向，便隨時調整到「回歸自我」的頻道。

# 24 夢想

## 純真中升起的創造力

圖／陳思吟

「我的夢想何時才能成真？」

祂說：「創造之神，在你之內。」

「我感覺不到！」

「憂與懼麻痺了你的覺知，擋在你與祂之間。」

我說：「要如何排除憂懼？」

祂回以童真笑靨，純白無瑕，因而綻放燦燦光華。

無意義的發話、與人交流，正在消耗一個人的創造能量。

安靜下來，調頻回復最純真的狀態，這是無限可能的創造起源。

從那裡思想、言語、行動。

——穆罕默德

## 提示重點

▲人們寄望透過社交與打通人脈來達成目的，但那是「事務（技術）層面」，永遠不及「觀念（本質）層面」來得重要。

　質地不佳而在技術層面打轉，如同在匱乏的水庫旁拚命挖掘渠道，反而讓水源流失更快。

▲創造力來自「見底的自我表達」，它有一個向內探索、挖深的過程（見底），然後從那兒向外迸發、實踐出來（自我表達）。它是一個先向內、再向外的過程，恐懼越少，它越會自動發生。

# 觀照重點

◆我為什麼需要那些交流？哪些社交令我感到疲累？我為何無法不參加？

●持續觀照這個慣性中的恐懼，每一次觀照到它，便觀想它釋放到光中。

# 25 煉金

### 先掌握平凡事物

圖／魔女莉莉

我是生命的舞者

當我伸展、翻轉、迴旋時

我知道

唯一能夠讓我以沉著優雅完成最後那一道身姿的

是一股收攝再收攝、下降再下降的力道

它是曖曖內含光的土、根、腳底

也是

我所有黑暗體驗的總和

掌握平凡的事物——家務、飲食、生活節奏，它純然反映一個人如何對待自己，也真實反應人們的內在狀態。

——白水牛女神

# 提示重點

▲煉金術——「將土煉成金」的基本意涵，是在指「將低頻轉化為高頻」。

低頻並不等同沉重負面的事物，「沉重負面」是二元之眼的看法。從較高視野看去，低頻只是冶煉之前的必然狀態，無須避免與批判，反而，需要在其中踏踏實實地體驗，才有機會進入煉金之途。

▲靈性品質並無「境界」可言。即便可說天使之言，即便可顯示神蹟，即便博覽群書並且靜坐中有諭示，都無法說明一個人的境界。但，一個內在和諧清淨之人，必定不捨基本事務。

▲下盤穩了，始有機會進入「煉金」的階段，練習把土煉成金、把下盤物質性的能量轉換為層次更高的能量。在這個過程中，看起來像是要放下物質性的東西，但其實那放掉的物質，最後會轉化成為更貴重的東西。

## 觀照重點

◆我是否照顧自己生活中的基本事物？（家務、飲食、生活節奏）

　若是否定的，那麼為何無法如此？

●持續觀照這個捨本逐末的慣性，每一次觀照到它，便觀想它釋放到光中。

# 26 單獨

## 冶煉收攝力　體驗自由度

圖／Lu Riku

曾經以為　上帝關閉了我的每一扇窗：
沒有提供支援的父母　沒有相濡以沫的好友
沒有相偕而行的同修　沒有永恆的愛戀
沒有不虞匱乏的財富　沒有明師與引路者……
蒼茫迷霧中　我跌跌撞撞地摸著石頭過河
一邊吶喊：「為什麼我只能靠自己？」

如今　卓然天地間　我總算知曉
「原來我無須仰望，原來，我可以是施予者。」
上帝的允諾在此
那是天地間最全能　最珍貴的禮物

單獨是趨向圓滿的唯一途徑。

單獨是不倚賴、不卸責，單獨是收攝專注力與自身的力量。

單獨時，才有機會卓然於輪迴之外，綜觀那無明中機械式的軌跡。

——老子

# 提示重點

▲一切萬有經由最初的合一狀態分裂而來———一分為二、二分為四⋯⋯那麼生命在迴返時，必定是一路整合那分裂，最終再回到「一」。

▲生命的圓滿和世俗認知的圓滿在不同層次，人世間講求五倫五常、五子登科，在求外境的周全；而在圓滿生命的過程中，必定更重視內境的周全和諧，因此在這個層次中，向外之力逐漸被收攝、簡化，人際關係便愈來愈簡單、愈清爽，於是看起來當然是單獨的。

▲培養單獨的能力，同時也在培養清淨不染的自我觀照之力。

## 觀照重點

◆我在哪一方面特別需要別人？

◆我要解脫什麼掛慮，才能解脫這個倚賴與需要？

●持續觀照這個掛慮，每一次觀照到它，便觀想它釋放到光中被轉化。

# 27 罪咎

## 批判製造自我傷害

圖／陳思吟

對不起
那些我曾議論、批判、以及不能原諒的對象
對不起
那些我不能放過自己的不堅強、不道德、不高尚、不精進

我接受
羸弱、疏懶、放縱、驕矜、盲目、駑鈍……
我接受
因為這世界若有暗影　只在反應我自己

向外的批判之力，將同時引發一個向內的反作用力，指向
自己的罪咎，製造自我傷害。譬如當一個人批判他人不道
德時，他會更「害怕自己沒有道德感」。

但為何需要道德感？當人們能夠以愛相待時，何需道德約
束。

對於是非對錯的強調，正反應了對失去它的害怕。
卸落這些害怕，源頭之愛因而升起。

——蓮花生大士

# 提示重點

▲宇宙是一體制衡的,我們的起心動念,以至於向外發出的語言行動,都在向這個宇宙施予能量,這股能量不會無端消失,它終將回到那個源初之始,以完成能量守恆的循環。

# 觀照重點

◆觀察自己對外界人事物的批判，並檢視自己在同一個議題上是否經得起其他人的批判。

更重要的是，那個批判正在反應某種自我限制，也在反應自己害怕失去的。唯有覺察到這些恐懼，才有可能自在，才有可能由衷升起自性之愛。

（譬如，批判他人不專業，正反應著「害怕自己不夠專業」，而由於這個害怕，導致自己在專業上始終無法嘗試錯誤、大刀闊斧，進而大展長才。）

●持續觀照這個慣性／恐懼，每一次觀照到它，便觀想它釋放到光中被轉化。

# 28 彰顯

## 彰顯的　便是缺乏的

圖／魔女莉莉

從今天起　我決定
為內在梳妝
為內在穿金戴銀
為他
我多一點耐心
多一份寬容


從今天起
我甘心在這件只有自己知道的事情

所彰顯的，正是所缺乏的。

圓滿的狀態是恆定靜止的，人們之所以生出強烈的思惟、情感、做為，均源於內在的傾斜。

——蓮花生大士

# 提示重點

▲內在的匱乏感，不僅會促使人們產生「自卑退縮」的反應，也會呈現另一個極端的反應——「自我彰顯」，以彌補匱乏感。

　失衡的天平，擺盪不已，其兩個端點會交錯呈現陽性與陰性的反應，而自我彰顯，便是在「陽性」那一端的反應。

## 觀照重點

◆觀察自己是否有自我彰顯的現象，並深入它，覺知那彰顯來自於內在的什麼匱乏。

●持續觀照這個匱乏，每一次觀照到它，便觀想它釋放到光中被轉化。

# 29 自在

自得其樂

圖／Lu Riku

今天
我為自己煮了杯咖啡
今天
我為自己挪出一段不被打擾的時間
今天
我帶著對自己的愛　直言不諱
今天
我以幽默笑了笑自己的缺失拙劣
然後
哼了首讚美的歌　甜笑入睡

喜歡自己，才能知道自己的長處，
唱自己的歌，讓悠美的樂音召喚聆聽的耳朵。

至少，讓自得其樂的愉悅感，激昂那想要快樂的靈魂。

　　　　　　　　　　　　　　　──聖瑪格莉特

## 提示重點

▲收回「被肯定」的需要，學會鼓勵自己、欣賞自己、給自己高分吧！

　自得其樂，是自體發光的必要起步。

# 觀照重點

◆觀察自己是否將焦點放在他人對自己的評價上。

每一次觀照到，都為那慣性做了一次煞車。

同時練習為每一個微小的自得其樂，評下高分。

●持續觀照這個慣性／恐懼，每一次觀照到它，便觀想它在光中轉化。

# 30 臣服

## 撥開恐懼　始能導航於內在之光

圖／陳思吟

字宙的資源是溪流
渴望之心是方舟
方舟是否能順流而行
端看人們是「臣服於恐懼」
還是「臣服於真心」

以無畏之眼撥開恐懼
方舟隨之啟航　渡向神賜的土地

臣服、交託不一定意味著降伏在任何力量之下，它可以只是單純地在順勢而為時，無視自身恐懼的阻撓而已。

辨識「臣服交託」與「隨波逐流」的不同。
臣服交託是因無畏而開放自己與更高力量偕同合作；隨波逐流是消極地自我放棄，並沒有面對真相。

——庫瑪拉

## 提示重點

▲臣服交託指得是「放下控制、放下恐懼」之後的順流狀態，雖然前方充滿未知，但安心、篤定。

## 觀照重點

◆觀察自己在循著想要的方向走時，能放鬆到什麼程度？有什麼想要「控制情勢」的恐懼在裡頭？

◆反過來，觀察自己在「順流」的過程中，是否是漫無目的的隨波逐流？這其中是否有某些不敢面對或自我放棄之處？

●持續觀照這個慣性／恐懼，每一次觀照到它，便觀想它在光中被轉化。

# *31* 轉化

認出愛

圖／魔女莉莉

用我的眼
我看見得失、善惡、生死無常
以我的感受
我喜怒、憂歡、痛並快樂


但有一處方寸之地
我寧定於焉
從此世間唯美：
認出
惡　促使善
憂　導航歡
死　成全了生

轉化不會發生在一直努力想轉化的時候，經常，當認出我們那壯麗恆久的光亮時，轉化便會自動發生。

禮讚自己所領受的美好，那等於禮讚你的整個世界，也禮讚了讓你痛苦不快的人；你內在的某個部分正在與他共享這份愛，那個純真無罪的部分放大了內在的光，照亮了原來晦暗苦澀的角落。

持守這光，我們的愛會繼續展現在你的周遭。

——耶和華

## 提示重點

▲轉化的過程，可說是一個「黑暗見到光」的過程，它起始於面對黑暗，並發生在「光」的場域。

▲轉化無法基於恐懼而行。（譬如，若執著於進展揚升，便等於是害怕平庸低下。）

## 觀照重點

◆觀察自己的念頭是聚焦愛、希望、收穫,還是聚焦在恐懼、焦慮、失去。

●持續觀照這個慣性╱恐懼,每一次觀照到它,便觀想它釋放到光中被轉化。

# 32 失去

渴求與奉獻

我願讓生命成為一種獻禮
交出所有抵抗
讓渴求引導我走向豐饒與貧瘠、熾熱與寒冰
變幻無常的是風景　是心境
積累的是遊記　是探險之後的無懼

我是旅人
我展開、寬待、明晰那所有體驗
以此
作為對生命的神聖禮讚

渴求，引領人們進入一段兩極的體驗，一端是追求、另一端是抗拒。

但渴求不因追求而滿足，也不因抗拒而止歇。

直到兩極的體驗已成熟，開始向造物者臣服為止。到時候，隨緣應化，渴求來時則迎向前去；而其中必有得失成敗的焦慮恐懼，也迎向前去。你終究將知道自己沒什麼好失去的，因為「體驗」成了主角，「自我」成了客體。

而「體驗」只會累積，不會失去。

把自己當成客體去投入每一個體驗，成為忠實的生命旅人，如同對上主、對生命的獻禮。

當如此奉獻時，你成為愛與力量的富人，得到的將比當初渴求的更多。

——阿拉穆罕

## 提示重點

▲善用「渴求」之力，在旅程中保持覺察（尤其是對恐懼的覺察），那麼這段旅程將提供一個更深入自己、淨化自己的機緣。

▲由「渴求」所促使的旅程，必定引發對「失去」的恐懼。但因為恐懼而逃避這個「渴望」，並不會讓恐懼真的消失。唯有進入它、面對與處理，方能在擴展中讓恐懼被轉化。

# 觀照重點

◆觀察自己的「渴求」是什麼？是否在抗拒渴求？
　若已在追求渴望，是否有「失去」的恐懼？

●持續觀照這個抗拒／恐懼，每一次觀照到它，便觀想它
釋放到光中被轉化。

# 33 當下

### 除了寧靜　別無他物

圖／陳思吟

深深地呼吸　持守焦點在衷心
返回內在
那裡　是海洋　是清風


亦復行往深處
那裡　空虛混沌　淵面黑暗
你說　要有光　就有光


此刻　運行淵面黑暗之上
重新開創　清透明亮

你沒有什麼要做的，就只是安靜下來，感受此刻的祥和與平安。

憂懼煩擾的發生，並不在「此刻」。

——悉達多

## 提示重點

▲我們懊惱的，已發生而無法追悔。

我們擔心的，尚未發生而無法操控。

但我們經常讓「唯有存在於此刻」的能量，流失在不存在的過去與未來。

淨空，專注於當下，是一種修煉。

## 觀照重點

◆觀察「此刻」自己的心念是否失焦在過去或未來？

●持續觀照這個慣性，每一次觀照到它，便將焦點拉回「此刻」。

# 34 富足

## 做自己的國王

圖／Lu Riku

當我已具備王者的氣勢時
毋須攻城掠地
人民爭相歸順而來

舉重若輕的關鍵，是在鍛鍊內力而非妝點門面，是在向內做功而非心神外馳。

人們總要先在看得見的部分追逐夠了，事倍功半，才有能力專注於看不見的部分，撥開內在廣袤無垠的空間，看那天寬地闊的城池裡豐美的水源、莊稼與壯麗山河。到時候，你有了自己的領地，做了自己的國王，於是整個外在世界都聽令於你。

——蒙巴利

# 提示重點

▲「顯像世界」是從「未顯像世界」所幻化而來。

　一個人的內在狀態，是顯化其外在狀態的起源。因此若想輕鬆地擁有外在收穫，得先從累積內在能量開始。

　當內在能量飽滿時，便能更輕鬆地在事業、情感等各個外在領域，顯現出豐足圓滿的狀態。

# 觀照重點

◆觀察自己在追求某種外境的成就時，是否更重視「內在」功力？

緩一緩那些「技術面」的做法，例如社交活動、因應市場的作為、取得證書與證照……等形式與表面工夫。

提供自己更多耐心、更多精力，去累積潛能。

●持續觀照「妝點外在」的慣性，每一次觀照到它，便將焦點拉回「內在」。

# 35 分享

## 體察心的溫度

圖／Lu Riku

親愛的
當我遞了朵玫瑰給你
那不只是給予與示愛
是我
喜歡看到自己的微笑

我笑了
全世界的玫瑰就開了

在給予的時候，你的心是溫暖的嗎？

若不是，那「給」之中似有不足，暫停下來就好。

若是，那麼你給予的時候便同時在享受回饋了；而那份溫暖，將進一步驅動愛的循環，讓溫暖迴流而來。

就像河川奔流大海並不至於乾枯，因為必有天賜甘霖。

你不求而得的回饋，不一定來自於對方，而是來自於天。

——卓美森（Dromason）

## 提示重點

▲由匱乏感所衍生的善行善舉,都含有匱乏的成分。

暫停下來,先體察自身,完滿自身,才有辦法給出那份完滿。

## 觀照重點

◆我在進行什麼樣的付出時，並沒有感受到心的溫暖？
體察它，暫停它，先釋放自己的委屈匱乏感。

●持續觀照這個慣性。

# 36 初衷

## 執起權杖與燭光的手

圖／陳思吟

當我「意圖」權威與嚴酷
我正以便宜行事　漠視心頭畏懼
當我「意圖」執起燭光 給出善意
我其實正渴望與人依偎取暖

所以
我省去了意圖算計
合掌靜默
守候方才之源　依光而行

你想要自己是權威的，還是溫暖的？
它們都可以從愛而來，但也有可能被恐懼所推動。

當你「想要」一種形象時，不論那是權威還是溫暖，其中
都有恐懼的成分。
唯有由衷而行，未經籌謀的表達，忘卻角色與形象的需要，
才能與更高的意識攜手並進。

——梅林

## 提示重點

▲不算計，無意圖，忘卻角色與形象的需要，秉持初衷而行，便能與較高意識攜手並進。

　如果初衷是關愛，那麼秉持下去；

　如果初衷是分享自己，那麼秉持這份喜樂；

　甚至，如果初衷是獲取某種成就，那麼秉持初衷，就有本事把所有挑戰轉化為資糧。

## 觀照重點

◆我在什麼地方有挫敗感？請回溯那初衷。
　將初衷之外的，釋放在光中。

●持續觀照，尤其在偏離初衷時。

# 37 生存

## 兌現靈性帳戶

圖／魔女莉莉

擺一擺尾鰭
水流成為我的引擎
搧一搧羽翼
風動成為我的油料
我是魚　大海便是我的寶庫
我是鳥　天空任我探索採擷

當我不受恐懼綑綁
自由便開放了所有選項
只待我認出自己是魚、是鳥
便注定了那專屬的豐饒

人間的帳簿是假的，它誤導了人們對自身擁有財產的認知。
真實的存款在「靈性銀行」，那裡資源豐厚，只是人人「兌
現」它到物質世界的能耐不同。

兌現的初步關鍵在「相信」。相信了靈性涵蓋物質，那麼
便打通了物質與靈性世界的連結；相信了自己資源豐厚，
那麼便會勇於向內尋寶，而不再心神外馳。

——維納斯（金星意識）

# 提示重點

▲解脫生存恐懼（金錢恐懼）的三個階段：

一、培養經濟自由的能力。

二、體認與辨識「什麼比金錢更有價值」。

三、勇敢選擇那個價值，從中創造，並體驗它顯化為物質豐盛。

## 觀照重點

◆我相信靈性涵蓋物質嗎?(我相信靈性法則能夠創造物質豐盛嗎?)

　我的生存(金錢匱乏)恐懼展現在哪裡?我願意下定決心突破它。

●持續觀照這個恐懼,將它釋放在光中。

# 38 困局

**你的世界有多大？**

圖／Lu Riku

別執意背對光
又抱怨身處黑暗

我們無法固著於陰影
又期待光的引渡

世界有多大，由自己決定。

你可以任由一個人、一件事來操控情緒與自由，也可以決定立刻「出走」，拿回掌握自己生命的權柄。

不一定需要離開某個人、某個處所，因為真正使你痛苦、不自由的，不是他們，是你對他們的需要。看到那個「需要」所築起的牢籠，釋放自己！

——亞里斯多德

## 提示重點

▲每一個「困局」，都意味著背後有一個「恐懼」。

去看看自己受制於什麼恐懼，它可能是不穩定的生活、對未知產生焦慮感，或者在意其他人的眼光……

▲多數人們傾向於：不敢承認自己擁有那「過於浩瀚」的自由度，而可以優游於各種選擇中，體驗快意人生而無須歉疚自責。

## 觀照重點

◆我覺得自己在什麼地方被困住了？

　你有鬆綁的能耐，但必須先認知自己對「脫困」尚有的懷疑與恐懼。

●每一次這個困頓感出現時，持續觀照到它，並將它釋放在光中被轉化。

# 39 瞭解

下看上　盡是投射

圖／陳思吟

你以為一個人逞強
但他只是安靜地面對現況

你以為一個人孤寂
但他正享受著自由自在

你以為一個人驕傲
但他不過是說出人人隱晦的事實

除非我們能「俯瞰」那個對象　否則
下看上　盡是投射

解決他人的問題，必須和他人共飲一杯水，方能知其冷暖；
但並非進入對方的世界中與其同苦同悲，而是相反地，返
回自身的純初狀態去感受與對方共振之處。

當安住在自身的光源中，對方便會循光而來，在這光場中
釋放黑暗。

能卸下越多老舊的信念與判斷，越能回返那純初之始；
越是能寧定地待在自己的光源中，那麼，黑暗糾結便越是
臣服於這樣的光中。

　　　　　　　　　　　　　　　　　　　　　—　　白鷹

## 提示重點

▲我們對生命、對世界、對他人的瞭解，與自己的高度（意識狀態）有關，換句話說，它與一個人深入自性的能力有關。

▲在我們能解脫掉千百種先入為主的看法（道德觀、價值觀）之前，我們無法以純粹的狀態攝取外界所呈現的意象，因此，在一個人有能力以全像之眼俯瞰外界之前，他所看的，都只與自己的知見與經驗有關，和對方真實的情況無關。

## 觀照重點

◆我並不瞭解 _____（某人），我願意保留一個「一定有我所不知道」的空間出來，我願意繼續透過探索、挖深我自己，去擴展我瞭解他人的能力。

●找出那個人，將自己對他的不理解、甚至不諒解，釋放在光中。

# 40 完整

寂寞・獨立 而自由

圖／魔女莉莉

寂寞
拼湊成一幅尋寶拼圖
完整那一條獨一無二的
鑽石途徑

以為身邊有人，便不寂寞；以為有了伴侶，便能以終結單身來終結寂寞；以為有了心靈課程、同修、與心靈導師的陪伴與指引，就不會寂寞。

但其實越倚賴，才越寂寞。

世間的確有一種寶物，掌握它便可以不寂寞。

這寶物的精粹與紋理，映現在伴侶、朋友、心靈導師……你身邊所有的事事物物之中。

每一項事物，攜帶著寶物的一部分片段；每一次在外界感受到孤寂，便回來鍛鍊自己的個體性。當重新感受到完滿時，便是你找到其中一個精粹紋理碎片的時候，這些碎片逐步拼湊起來，成為更完整的寶物，那便是更完整的自己。當更完整的自己再次觸及周遭的世界時，必將能更正向地取擷於我有益之處，那時候，萬事萬物都能豐富你、滋養你。

你擁有了創造完整的權柄。

——蓮花生大士

# 提示重點

▲雖說倚賴心易生寂寞感，但「獨立」亦非解決「寂寞」的終極方案，獨立是一個途徑，透過它通往自體的完整性。

▲完整的個體可以優游在絕對的單獨與喧譁的群體之中，他既不孤僻避世（或「鄙」世）也不矯俗攀緣，他是自由的。

▲由於寂寞來自對他人的需要，因此治癒寂寞唯一的方法是：透過這些需求不被滿足時失落痛苦的刺激，返身認識自性裡的力量，那份秉性會帶領人們走向完整自身的道途。

## 觀照重點

◆我能夠觀察到,我需要陪伴、認同、讚許、關愛、瞭解……是出於內在的匱乏感。

我願意轉移對那些需要的執著,開始深入內在的完整性之中,直到我認出自己可以是提供陪伴與關愛的那一方為止。

●在靜心中輕輕觀想較高存有們所帶來的光,將這個匱乏感釋放在光中。

# *41* 成熟

### 解開親密關係的結

圖／Lu Riku

我收回向外執取的拳頭
撫觸了自我
讀懂了真相
我靜待那深邃中的真實蔓延周身

再次伸出雙手
它成了天池的泉湧、花園的蔓藤
幻化出一朵光燦蓮花
誰看到它　誰就發光

人間的親密關係，能密集地照見自身「匱乏愛」的狀態。
直到自己能以一種父親或母親的情懷來看對方、能把對方
當做孩子般包容與關愛時，那麼，這段關係便來到轉捩點
了。


　　　　　　　　　　　　　——維納斯（金星意識）

# 提示重點

▲孩子若抱怨被父母忽視，或者相反地，抱怨被嚴苛地干涉，背後都來自於「匱乏愛」；同理，伴侶之間的怨懟，也經常出自於同樣的心態。

▲「不被愛」、「不被信任」是個誤解，因為對方不是為了傷害你而有如此作為，是彼此各自的陰暗面所激發的言語行動，正好與對方產生了一場交互作用。

▲因此，匱乏感終究是個幻覺，需要被自己照見。
  當匱乏感（幻覺）逐漸在覺照之光中釋放殆盡，心靈便會「長大成人」，不再以為自己是需要被體恤與照顧的「弱小孩童」。

# 觀照重點

◆承認自己在愛中的困頓是來自於「匱乏感」，收回對「需要被照顧」的執著。

●在靜心中，將綻放燦燦之光，在此光中釋放沉重晦暗的匱乏感，使它被轉化。

應往何處去？

圖／魔女莉莉

上主賦予人們無數條通往豐足與幸福的天梯
但人們以諸多藉口否認它的存在——
不能忤逆權威、對他人有責任、
害怕失去愛、必須維持生存條件……
而無視於這些藉口背後的恐懼
正是那些恐懼阻撓了天梯之路
使得我們繼續在但求肯定與溫飽之中
原地打轉、消耗生命

往利益多的地方？享受多的地方？還是往愛多的地方？

你的心「現在」想去哪兒？

追隨心之所向，你渴望的財富、快樂與愛，將追隨你。

——蓮花生大士

# 提示重點

▲「利益多的地方、享受多的地方、關愛多的地方」是欲望想去的地方，因匱乏感而生，我們可以充分地依欲望而行，其目的是幫助我們最終明白自己所要的豐足與幸福感並不在那裡。

▲撥開了欲望或恐懼的障蔽之後，一顆澄明之心會知道自己渴望在什麼狀態，譬如在繪畫、在栽種、在閱讀、在書寫、在品茗、在聆賞音樂……之中的寧靜滿足感。請立即追隨它，空出更多時間給它，那麼，當初欲望所追求的那一切，會反過來追隨你。

# 觀照重點

◆完全靜下來，辨識自己的渴求是來自「欲望」，還是來自更深的、自發性的「澄明之心」？

●在靜心中，可祈請較高存有協助自己更清明、更有力量。

# 43 弱點

## 接納自己最平實的樣子

圖／陳思吟

我不需要高飛的羽翼
堅利的嘴喙
因為我羽毛是溫柔的
嗓音稚嫩可愛

我是我所是

只有當我摸仿飛鷹時
才顯得破落可憐

你對自身弱點的不快，不是出自弱點本身，是在你對它的批判。

——觀音噶瑪巴

# 提示重點

▲「弱點」本身可以是中性的，是人們的看法決定了它的意義。

　　但對自身弱點的鄙視所形成的意識頻率，定義了這個「弱點」，你定義了它，不斷投射對這個弱點的評判，因此你會與所有其他人評判這個「弱點」的看法共振，而你以為那是其他人對你的評判。

# 觀照重點

◆觀察對自己不喜愛的點是什麼，它可能是身體的某個部位、可能是某種表現、某種內在心態。

●在靜心中，釋放這個對自己的苛責，讓它被轉化。

# 44 兩極

作用力生出反作用力

圖／Lu Riku

我從二元對立的蹺蹺板離座
向反對的朋友致意頷首
這才發現　他　無異於我

我不再執著於「正確」
才知道　我已遠離「過錯」的恐懼

越是強加施力，所挑起的反彈勢能愈大。

所謂反彈勢能，可能是外在挑戰，也可能是內心的急迫感、焦躁感或痛苦感。

先梳理自己的心念，覺察那「強加施力」的源頭，有何欲求？有何執著？

逐漸放下後，便可順流而走，在順勢之中隨緣應化，得其意想不到之效。

——圓覺

# 提示重點

▲這是宇宙法則「作用力生出反作用力」的體現，放諸四海皆準，它挑戰所有我們強烈認同的觀點，挑戰我們所捍衛的主張與價值。

▲因為，你越是認同與捍衛，所引起的反向勢能就越強。唯有看清「捍衛」背後的強烈意圖是源於自身的需要與恐懼，放下它，這種「兩極勢能相互抗衡」的擾動才會消失。

# 觀照重點

◆誰是你一心擁護的？你認為什麼必定是「對的」或「錯的」？

　明白你捍衛它（或他）的動念，其實是來自於自己的需要，出自於恐懼。

●在靜心中，釋放那個「需要」，或者釋放「需要無法被滿足的恐懼」。

# 45 全像

## 塞翁失馬　焉知非福

圖／魔女莉莉

時間述說著故事
空間鋪陳著情境
在從前、未來、這裡、那裡
忙不迭地被無明、憂懼的心思所攪擾

但你本應是誰？
你是了然的意識
你是全知全見之眼

「時間概念」將原來完整、圓滿的全像世界切割成零星碎片，人們只能在斷裂中見其片段，不論是興高采烈或者低潮憂鬱，都是段落，是暫時的。

由於未見其全貌，無法得知這片段在全像圖中的意義，因此，執著在這些時空的片段中，是毫無意義的。

在片段中持續觀察它對生命整體的意涵，信任它是圓滿中必然的一部分，總有一天，你能全然進入當下的存在感中，拉升意識到窺其全貌的鳥瞰視野，悟出片段在整體中的貢獻，片刻看到生命的全像之美。

——卓爾泰

# 提示重點

▲全像圖是一幅把「時間」與「空間」在同一個平面全部展開的圖像。

當站在制高點俯瞰全像圖時，便能挑選一個時間點或地點，進入當時、或當地的故事之中。

但關鍵是我們是否具備著這種「俯瞰／綜觀」的能力，還是我們只能執著在某一個時空片段，陷落在這個暫時的情況中？

▲綜觀能力來自於意識的高度，當意識頻率高越之時，知道任何情緒、思維、外在情況都是暫時的，他是個變化現象的觀察者，而不是參與者。

## 觀照重點

◆我目前的煩惱是什麼？我困在什麼現象中？
　它必然是會變化的。

●經常作這樣的「自問」，把自己從「參與者」提攜到「觀
察者」的位置。

# *46* 念頭

## 無法被靈性取代　只能成為它的主人

圖／陳思吟

念頭是猴
我是佛
我讓念頭撒潑
是因為我知道
它終究出不了如來的宅心仁厚


內修
不是為了沒有思緒
而是　沒有恐懼

紛飛的念頭並非靈性的阻礙，逃避去覺知這些念頭才是。
覺察念頭的來源，保持這樣的照看，終將成為念頭的主人。

——伊莉莎白

# 提示重點

▲認出那些干擾自己的念頭，才有辦法借力使力地超越它。
每一個念頭都指向一個生出此念頭的來源，都是可以用來
深入自己的線索。

## 觀照重點

◆我正在逃避什麼念頭？我有什麼念頭是不被自己允許的？

練習面對恐懼，表達真實的自己。

●經常作這樣的「自問」，把自己從「參與者」提攜到「觀察者」的位置。

# 47 自主

## 為自己加冕

圖／Lu Riku

深呼吸七次
我打開心門
再一次巡視祕密基地
決心是權杖
創意是坐騎
夾道恭迎的聲音
從自我珍視之心　連漪般地迴響

我是王　我是后
我由內而外的光　編織了冠冕
華美壯麗　永不落下

你必須為自己加冕，那榮耀將永不被摘下；
你必須闢自己一片領地，那麼即使遠行，這片疆土也必將
跟隨。

—艾勒克

# 提示重點

▲拿回那個肯定自己的權柄，因為一旦把期待放在肯定你的人身上，他們隨時都可以再次否定你。

　我們需要自己是美好優秀的，因此我們透過擁有物質資產、透過勝過別人、透過被讚揚來證明，但這些外在情境隨時會變化的。若不想讓自己的心緒一再受這些外在條件操弄，那麼開始轉向自己，專心一意地開墾自己的花園、領地，只為自己，不為其他任何條件。那麼將會有一片內在的疆土為自己永久統御，是他人永遠帶不走的。

## 觀照重點

◆我正在與他人比較什麼？我害怕失去什麼？

　投入自己的專長、投入心之所向，以深耕自己來取代失去的恐懼。

●經常作這樣的「自問」，把自己從「參與者」提攜到「觀察者」的位置。

# 48 無為

## 享受在做為中　便是回報

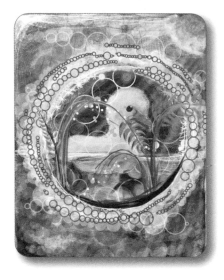

圖／魔女莉莉

優游水稻間的鴨
戲水、啄食
無意成就什麼
只依天性而為
但
水中氧氣增加了
稻禾蟲害減少了
足食、豐收
只因萬物各就其位
在天性中無為而為

問：

數年來，每一回站上講台前，我都是興奮期待的，蓄勢待發。但現在我竟然倦勤了，我甚至感覺到，大部分學生其實並不明白我話語中真正的意涵是什麼，看不到我在每一次動與不動之間細微的用心。我不知道如何度過這種不被瞭解的孤寂感？

答：

若在「做」的時候是享受的，沒有目的性，那麼何來失望之有？何須被瞭解？如何起孤寂感？

享受在做為之中，那麼在做為之時便是回報。

因此回到初始之心，當初若是為了迎向新體驗，是因自己滿溢的真誠而投身進來，那麼調頻到當時的好奇與熱切之中。單純地去講課，下了課去喝咖啡、看電影、靜心，就好。整個生命成了一連串享受的過程。

——老子

## 提示重點

▲頭腦問：「做什麼事是『有用』的？」
　心問：「什麼事讓我『喜悅』？」
　頭腦：「只要『被肯定』，我便會喜悅。」
　心：「享受在做為之中，便身處喜悅。」

# 觀照重點

◆我正在抱怨自己的工作嗎？

我有什麼需求，以至於無法選擇一個「單純享受在做為之中」的工作？或者是心態？

●持續觀察這個需求每一次升起的時刻，不用抑制它，保持旁觀者的覺察即可。若有無法滿足需求的困頓恐懼，在靜心中釋放它、轉化它。

# 49 光源

## 打開阻隔　領受愛

圖／陳思吟

情愛的第一個層次　是單戀
純粹是自我投射所編織的幻夢

情愛的第二個層次　由生理條件決定
被外型、魅力所吸引　這是生物本能的自然反應

情愛的第三個層次　沾染上婚姻嫁娶的可能性
這是人類思維的產物　以契約關係保障雙方的和合不悖

情愛的第四個層次　是擷取於我有益之處
不再對特定對象有執著　於是情愛、關愛自由流動

情愛的第五個層次　是融解自己在一切萬有中
受惠於光　也成為光

我們有無限的愛，供你取用，在清風中，在樹梢，在春日的晨曦，在人聲嘈雜裡……在此處、此時。
也在低潮幽谷，在挑戰、創痛，在你執取不放的煩惱中。

我們的愛流向一切萬有，不捨晝夜黑白，不分優劣好壞，就像陽光只管輻射發光，只有它被選擇，它本身並不選擇所照耀的對象。
而人們的無價值感與憤世嫉俗，阻擋了流向自己的光與愛。

現在就閉上眼，深呼吸，感受我們的愛之光，憶起你本來的無限，忘卻你對自己的評斷。

－－維納斯（金星意識）

# 提示重點

▲太陽的光，從不選擇所照耀的對象。

▲但人們的執念創造了心牆、恐懼導致故步自封，讓光流阻隔在外。

## 觀照重點

◆我的什麼執念（或恐懼）阻隔了蘊藏在一切萬有中的愛？

●經常作這樣的檢視，把自己從「參與者」提攜到「觀察者」的位置。

# 50 妄作

綜觀之力　更勝盲目地努力

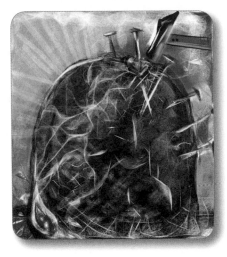

圖／魔女莉莉

我扎下了釘

掄起了槌

張牙舞爪　意圖那黃金萬兩

勤奮努力　欲求那璀璨光芒

直到眼下破局

方知原可得之輕易

只要我收起執取之力

方能綜觀全貌　順勢而為

宇宙是能量守恆的。

你向這世界施了一道「用力」的力量，那麼世界必會反饋一道「制衡用力」的力量。

——卓爾泰

# 提示重點

▲當滾滾河流匯入大海時，它選擇的不是最短的路徑，而是最輕鬆的路徑……水往低處流，依地勢而行。

同理，智慧的歷練，在於能夠綜觀形勢，懂得倚仗更大的力量前行，譬如星象、節氣、水土地質……等大自然的條件。

▲如何綜觀形勢？

萬物同源，因此找到自己的源頭，也就找到了驅動大自然變化的源頭。

當更清楚自己的本質、天賦、心之所向時，便能夠像「水往低處流」一般地更輕鬆地仰仗大勢而行。

因此，不問自性而拚命努力，正如不知地形地貌而開挖渠道，妄想一分努力便能換來一分收獲，殊不知背後那更大的勢能也許是逆反的方向，也許反而讓渠道崩塌落陷，那麼這一番拚命地努力，變成了如假包換的「妄作」。

## 觀照重點

◆我正在「用力」做什麼,或者「用力」防止什麼呢?

●持續觀察這個「用力」的念頭每一次升起的時刻,不須抑制它,保持旁觀即可。覺察到用力背後的恐懼,在靜心中釋放它、轉化它。

# 51 靈修

靈修所帶來的幻相

圖／Lu Riku

放射那熠熠光燦的是自性
無視於重重障礙的是自性
而不是你想要傲人、出師、成道的意願

你只需要一再地回返
而非向上

那條你以為可供你往上攀登的繩索，其實可能正好把你往深淵中垂吊。

靈修並非一條通往高遠之境的路，它不過是讓人可以毫無恐懼地回復本有的天性而已。

———觀音葛瑪巴

## 提示重點

▲靈修是一個「減法」的過程，是一個「無法有目的」的過程。

這過程必定有功法、有練習，但那功法是途徑，不是終極。

這過程中可以有對於境界的渴求，但請借用它作為深入自己的動力，因為你終將知道，那些對「境界」的渴求都意味著：某一個恐懼，等待著被放下。

# 觀照重點

◆我是否正追求「靈性高遠的境界」？或者我只是如實地深入自己？

●保持這個觀察，旁觀自己的企圖心，當覺察到「不如人的失敗感」、「渴求無法滿足的失落感」時，在靜心中釋放它、轉化它。

# 52 責任

## 生命之歌　必由心聲所吟唱

圖／魔女莉莉

從那些約定成俗、先入為主的價值體系中探出頭來吧
你要成為的
是知識與道理的駕馭者
而非服膺者

如果你總是依據知識與道理來行事，那麼你的生命如同已死。

——觀音葛瑪巴

## 提示重點

▲知識與道理是別人的，是外境加諸於你的，僅僅依據它們來行事，而沒有辨識與內化的過程，那如同被指令擺布的機器；更有甚者，是不但受它擺布，也以它擺布與批判別人，而認為那是正確、正義或忠貞不二。

▲道德、普世價值、是非判斷……我們無一倖免地生在這充斥著各種思想、信念系統的世界，在人們能以赤誠之心來體驗外境之前，先入為主的各種觀念已經霸占了人們的思維。

認出它、接受它，並進一步培養出獨立於其上的人格，是每一個自我擴展者必經的道途。

## 觀照重點

◆你所安排的生活是合乎「道理」還是你真心想要的？

　而你所在乎的那個人，你可以讓他依據自己的意願而行，而非灌輸道理來影響他嗎？

●保持這個觀察，若看到自己的局限與控制，在靜心中釋放它、轉化它。

國家圖書館出版品預行編目 (CIP) 資料

天界聖諭牌卡：以自覺點亮靈魂之光 / 田安琪著；Lu Riku,
魔女莉莉、陳思吟繪圖. -- 初版. -- 臺北市：商周出版：家庭
傳媒城邦分公司發行, 2016.07
　面；　公分
ISBN 978-986-477-047-2 (平裝)

1. 靈修

192.1　　　　　　　　　　　　　　　　　　　105010353

# 天界聖諭牌卡
以自覺點亮靈魂之光

作　　　者　田安琪
繪　　　圖　Lu Riku、魔女莉莉、陳思吟
責 任 編 輯　徐藍萍
校　　　對　廖梅君、潘美慧、陳寧甄

版　　　權　翁靜如、吳亭儀
行 銷 業 務　林秀津、何學文
總 編 輯　徐藍萍
總 經 理　彭之琬
發 行 人　何飛鵬
法 律 顧 問　台英國際商務法律事務所羅明通律師
出　　　版　商周出版　台北市 104 民生東路二段 141 號 9 樓
　　　　　　電話：(02) 25007008　傳真：(02)25007759
　　　　　　E-mail：bwp.service@cite.com.tw　Blog：http://bwp25007008.pixnet.net/blog
發　　　行　英屬蓋曼群島商家庭傳媒股份有限公司城邦分公司
　　　　　　台北市中山區民生東路二段 141 號 2 樓
　　　　　　書虫客服服務專線：02-25007718　02-25007719
　　　　　　24 小時傳真服務：02-25001990　02-25001991
　　　　　　服務時間：週一至週五 9:30-12:00　13:30-17:00
　　　　　　劃撥帳號：19863813　戶名：書虫股份有限公司
　　　　　　讀者服務信箱 E-mail：service@readingclub.com.tw
香港發行所　城邦（香港）出版集團有限公司　香港灣仔駱克道 193 號東超商業中心 1 樓
　　　　　　E-mail: hkcite@biznetvigator.com　電話：(852)25086231　傳真：(852)25789337
馬新發行所　城邦（馬新）出版集團 Cite (M) Sdn Bhd
　　　　　　41, Jalan Radin Anum, Bandar Baru Sri Petaling, 57000 Kuala Lumpur, Malaysia.
　　　　　　Tel: (603) 90578822　Fax: (603) 90576622　Email: cite@cite.com.my

設　　　計　張燕儀
印　　　刷　卡樂彩色製版印刷有限公司
總 經 銷　聯合發行股份有限公司　新北市 231 新店區寶橋路 235 巷 6 弄 6 號 2 樓
　　　　　　電話：(02) 2917-8022　傳真：(02) 2911-0053

■2016 年 7 月 7 日初版
定價 750 元

城邦讀書花園
www.cite.com.tw

Printed in Taiwan